DIESES BUCH GEHÖRT:

....

Bekommen habe ich es von: ....

Wenn ich ein Blatt wäre, würde ich so aussehen:

lottaland

Mein Blätter-Herbarium

Sammelalbum
zum Bäumebestimmen
und Blätterpressen

Arena

So bewahrst du Blätter auf

Tipp: Hat es gerade geregnet? Dann warte mit dem Sammeln. Nasse Blätter werden nämlich nicht so schön.

Manche Blätter sind so hübsch, dass man sie für immer behalten möchte. Aber nach einer Weile werden sie meist wellig und schrumpfen. Wie schade! Zum Glück gibt es einen schlauen Trick, wie du sie trotzdem aufbewahren kannst. Du kannst sie nämlich pressen, um sie zu trocknen. Danach hast du noch lange etwas von ihnen. Blätter zu pressen, macht Spaß und ist gar nicht schwer. So funktioniert es:

Tipp: Je größer und dicker Blätter sind, desto länger dauert das Trocknen.

Extra Tipp: Du willst besonders schöne Blätter? Dann reibe sie nach dem Trocknen mit geschmolzenem Bienenwachs ein (aus dem Bio-Laden). Bitte deine Eltern, dir dabei zu helfen.

Das brauchst du:

- Ein schönes Blatt
- Dein Sammelalbum
- Zwei Zeitungsblätter oder Küchenpapier
- Einige schwere Bücher
- Geduld

So geht's:

1. Schlage dieses Sammelalbum auf einer leeren Seite auf. Notiere dort alles über das Blatt, das du gefunden hast.

2. Wenn du fertig bist, legst du ein Stück Zeitung auf die Seite.

3. Lege das Laubblatt auf das Zeitungspapier und darauf wieder ein Stück Zeitung. Schließe das Buch vorsichtig.

4. Lege die dicken schweren Bücher auf dein Sammelalbum, und lass es eine ganze Weile liegen.

5. Nach zwei bis drei Wochen ist das Blatt getrocknet und kann eingeklebt werden.

ERLE

Hier habe ich
das Erlenblatt am

....

gefunden:

....

....

Das Blatt ist

.... Zentimeter
lang und

.... Zentimeter
breit.

Diese Form
hat das Blatt:

....

....

....

So fühlt sich
das Blatt an:

....

....

....

Das Blatt
hat die Farbe

....

Warum mir
dieses Blatt gefällt:

....

....

....

Klebe dein Blatt oder auch mehrere Blätter hier auf.

EICHE

Das Blatt ist .... Zentimeter lang und .... Zentimeter breit.

Hier habe ich das Eichenblatt am .... gefunden:
....
....

So fühlt sich das Blatt an:
....
....
....

Diese Form hat das Blatt:
....
....
....

Das Blatt hat die Farbe ....

Warum mir dieses Blatt gefällt:
....
....
....

Klebe dein Blatt oder auch mehrere Blätter hier auf.

PAPPEL

Hier habe ich das Pappelblatt am
....
gefunden:
....
....

Das Blatt ist
.... Zentimeter lang und
.... Zentimeter breit.

Diese Form hat das Blatt:
....
....
....

So fühlt sich das Blatt an:
....
....
....

Warum mir dieses Blatt gefällt:
....
....
....

Das Blatt hat die Farbe
....

Klebe dein Blatt oder auch mehrere Blätter hier auf.

Klebe dein Blatt oder auch mehrere Blätter hier auf.

AHORN

Hier habe ich
das Ahornblatt am

....

gefunden:

....

....

Das Blatt ist

.... Zentimeter
lang und

.... Zentimeter
breit.

Diese Form
hat das Blatt:

....

....

....

So fühlt sich
das Blatt an:

....

....

....

Warum mir
dieses Blatt gefällt:

....

....

....

Das Blatt
hat die Farbe

....

Klebe dein Blatt oder auch mehrere Blätter hier auf.

KASTANIE

Das Blatt ist .... Zentimeter lang und .... Zentimeter breit.

Hier habe ich das Kastanienblatt am .... gefunden:

So fühlt sich das Blatt an:

Diese Form hat das Blatt:

Das Blatt hat die Farbe ....

Warum mir dieses Blatt gefällt:

Klebe dein Blatt oder auch mehrere Blätter hier auf.

LINDE

Hier habe ich das Lindenblatt am
----
gefunden:

Das Blatt ist
--------------- Zentimeter lang und
--------------- Zentimeter breit.

Diese Form hat das Blatt:

So fühlt sich das Blatt an:

Warum mir dieses Blatt gefällt:

Das Blatt hat die Farbe
---------------.

Klebe dein Blatt oder auch mehrere Blätter hier auf.

Klebe dein Blatt oder auch mehrere Blätter hier auf.

Klebe dein Blatt oder auch mehrere Blätter hier auf.

FARN

Hier habe ich den Farnwedel am ---------- gefunden:

Der Farnwedel ist ---------- Zentimeter lang und ---------- Zentimeter breit.

So fühlt sich der Farnwedel an:

Diese Form hat der Farnwedel:

Der Farnwedel hat die Farbe ----------.

Warum mir dieser Farnwedel gefällt:

Klebe dein Blatt oder auch mehrere Blätter hier auf.

EFEU

Das Blatt ist
.... Zentimeter
lang und
.... Zentimeter
breit.

Hier habe ich
das Efeublatt am
....
.... gefunden:
....
....

So fühlt sich
das Blatt an:
....
....
....

Diese Form
hat das Blatt:
....
....
....

Das Blatt
hat die Farbe
....

Warum mir
dieses Blatt gefällt:
....
....
....

Klebe dein Blatt oder auch mehrere Blätter hier auf.

KLEE

Hier habe ich das Kleeblatt am
----
gefunden:

Das Blatt ist
------------ Zentimeter lang und
------------ Zentimeter breit.

Diese Form hat das Blatt:

So fühlt sich das Blatt an:

Das Blatt hat die Farbe
------------------------------.

Warum mir dieses Blatt gefällt:

Klebe dein Blatt oder auch mehrere Blätter hier auf.

HASELNUSS

Hier habe ich das Haselnussbaumblatt am

....

gefunden:

....

....

Das Blatt ist

.... Zentimeter lang und

.... Zentimeter breit.

Diese Form hat das Blatt:

....

....

....

So fühlt sich das Blatt an:

....

....

Das Blatt hat die Farbe

....

Warum mir dieses Blatt gefällt:

....

....

....

Klebe dein Blatt oder auch mehrere Blätter hier auf.

BLUTPFLAUME

Hier habe ich das Blatt vom Blutpflaumenbaum am .... gefunden:
....
....

Das Blatt ist .... Zentimeter lang und .... Zentimeter breit.

So fühlt sich das Blatt an:
....
....

Diese Form hat das Blatt:
....
....

Das Blatt hat die Farbe ....

Warum mir dieses Blatt gefällt:
....
....
....

Klebe dein Blatt oder auch mehrere Blätter hier auf.

Klebe dein Blatt oder auch mehrere Blätter hier auf.

Von dieser Pflanze könnte das Blatt stammen:
....

Das Blatt ist .... **Zentimeter lang und** .... **Zentimeter breit.**

So sah die Pflanze aus:
....
....
....

Diese Form hat das Blatt:
....
....

Hier habe ich das Blatt am
....
gefunden:
....
....

Das Blatt hat die Farbe ....

Warum mir dieses Blatt gefällt:
....
....
....

So fühlt sich das Blatt an:
....
....
....

Klebe dein Blatt oder auch mehrere Blätter hier auf.

Von dieser Pflanze könnte das Blatt stammen:

....

Das Blatt ist .... **Zentimeter lang und** .... **Zentimeter breit.**

So sah die Pflanze aus:

....
....
....

Diese Form hat das Blatt:

....
....

Hier habe ich das Blatt am
....
gefunden:
....
....

Das Blatt hat die Farbe ....

Warum mir dieses Blatt gefällt:
....
....
....

So fühlt sich das Blatt an:
....
....

Klebe dein Blatt oder auch mehrere Blätter hier auf.

Von dieser Pflanze könnte das Blatt stammen:
....

Das Blatt ist .... **Zentimeter lang und** .... **Zentimeter breit.**

So sah die Pflanze aus:
....
....
....

Diese Form hat das Blatt:
....
....
....

Das Blatt hat die Farbe ....

Hier habe ich das Blatt am .... **gefunden:**
....
....

Warum mir dieses Blatt gefällt:
....
....
....

So fühlt sich das Blatt an:
....
....

Klebe dein Blatt oder auch mehrere Blätter hier auf.

Von dieser Pflanze könnte das Blatt stammen:
....

Das Blatt ist .... **Zentimeter lang und** .... **Zentimeter breit.**

So sah die Pflanze aus:
....
....
....

Diese Form hat das Blatt:
....
....

Hier habe ich das Blatt am
....
gefunden:
....
....

Das Blatt hat die Farbe ....

Warum mir dieses Blatt gefällt:
....
....
....

So fühlt sich das Blatt an:
....
....
....

Klebe dein Blatt oder auch mehrere Blätter hier auf.

Von dieser Pflanze könnte das Blatt stammen:

....

Das Blatt ist .... **Zentimeter lang und** .... **Zentimeter breit.**

So sah die Pflanze aus:

....
....
....

Diese Form hat das Blatt:

....
....

Hier habe ich das Blatt am
....
gefunden:
....
....

Das Blatt hat die Farbe ....

Warum mir dieses Blatt gefällt:

....
....
....

So fühlt sich das Blatt an:

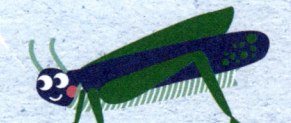

....
....
....

Klebe dein Blatt oder auch mehrere Blätter hier auf.

Von dieser Pflanze könnte das Blatt stammen:

....

Das Blatt ist .... **Zentimeter lang und** .... **Zentimeter breit.**

So sah die Pflanze aus:

....
....
....

Diese Form hat das Blatt:

....
....

Hier habe ich das Blatt am .... **gefunden:**

....
....

Das Blatt hat die Farbe ....

Warum mir dieses Blatt gefällt:

....
....
....

So fühlt sich das Blatt an:

....
....

Klebe dein Blatt oder auch mehrere Blätter hier auf.

MEIN LIEBLINGSBLATT

Klebe dein Blatt hier auf.

Hier habe ich das Blatt am .... gefunden:

Von dieser Pflanze könnte das Blatt stammen:
....
....
....

"Alle Blätter sind schon da, alle Blätter, alle …"

Fotos: 123RF.com
Coverabbildungen: Fotos aus dem Innenteil von "Mein Pflanzen-Entdecker-Buch"

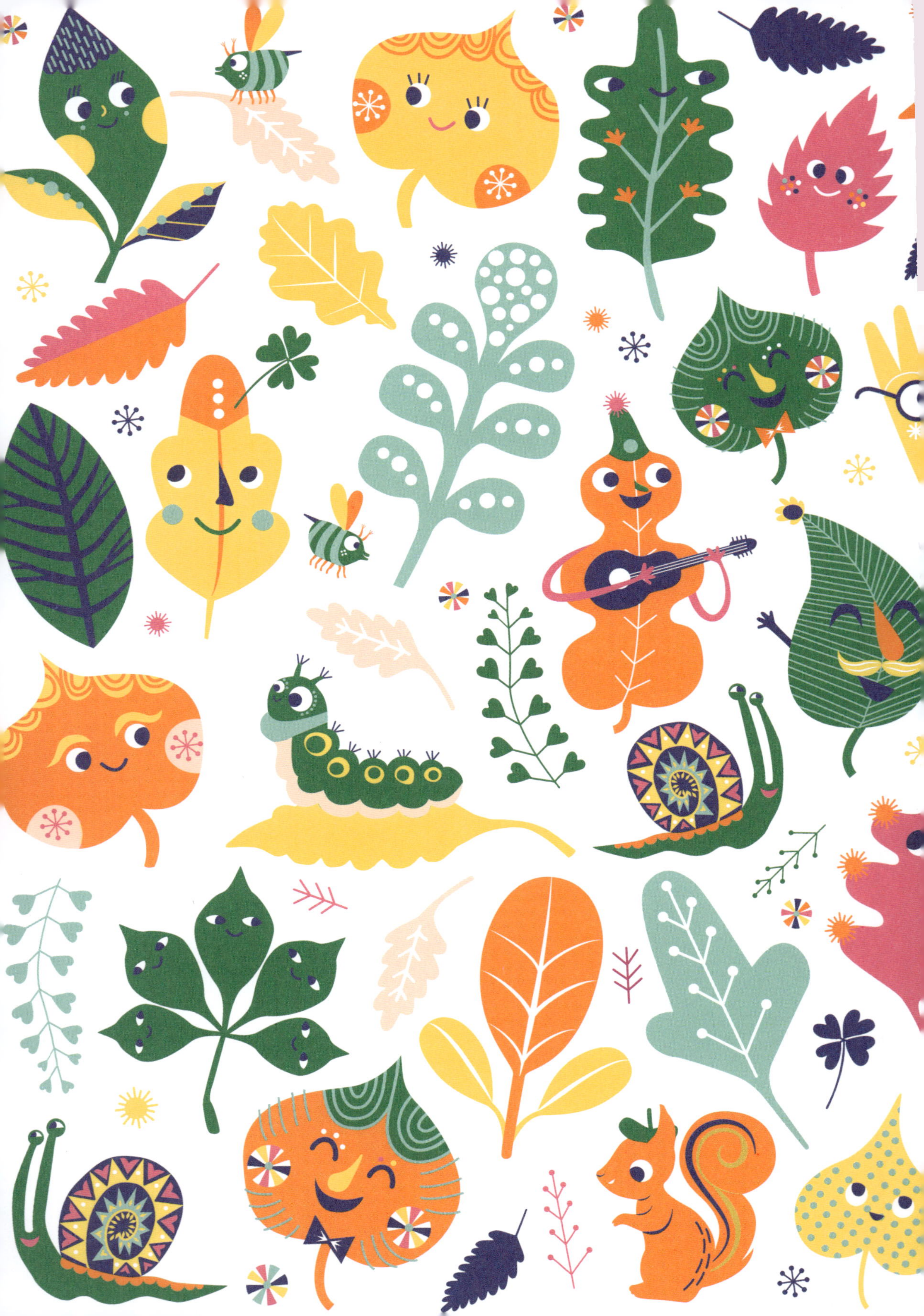